Die Autorin

Jahrgang 1994, Sternzeichen ist Skorpion
aber wen von euch interessiert das schon?
der gleiche Geburtstag wie Picasso, bilde mir was darauf ein
denn offensichtlich wollte auch er immer ein Künstler sein
zwischen Bergen aufgewachsen, mir nicht gefällt
sie versperren die Sicht auf die schöne, weite Welt
trotzdem ein stolzer Österreicher, ist ja auch ganz nett
dort bin ich zu Hause, dort bin ich komplett
und doch wohne ich im Land, wo alles auf ‚li' endet
weil die Liebe von dort hat Signale gesendet
anders zu sein, stand schon immer ganz oben auf dem Plan
und noch heute verfolge ich diesen absurden Wahn
Träume sind das, wofür ich wirklich lebe
diese zu verwirklichen ist, wonach ich strebe
in deinen Händen ein Traum, der erste Versuch
fühl dich Willkommen, meine Gedanken – ein offenes Buch

Die Sammlung meiner Gedanken
Teil I

Julia Rüdisser

Bibliografische Information der Deutschen Nationalbibliothek:
Die Deutsche Nationalbibliothek verzeichnet diese Publikation in der
Deutschen Nationalbibliografie; detaillierte bibliografische Daten sind
im Internet über http://dnb.dnb.de abrufbar.

Herstellung und Verlag:
BoD – Books on Demand, Norderstedt

ISBN: 978-3-7481-8917-6

Weil Gedichte meine Form von Therapie sind.
Sowohl für das Gute als auch das Herausfordernde im
Leben.

Solltest du in diesem Werk einen Fehler finden, sage ich hiermit herzlichen Glückwunsch - du hast gerade bewiesen, dass auch ich ein Mensch bin :)

Die Sammlung

Für Sie

jemand wie dich zu kennen gibt mir Kraft
du bist meine Energie, mein Lebenssaft
den Menschen, den ich in meinem Leben habe gebraucht
und auf einmal bist du dann wirklich einfach so aufgetaucht
jemand wie dich gibt es kein zweites Mal
du bist meine Wärme, bei Nacht mein Sonnenstrahl
der Traum, den ich nicht wusste, dass ich ihn träume
hast gefüllt meine dunklen und leeren Räume
was du mit mir machst, habe ich immer noch nicht realisiert
hast mein Herz zum Rasen gebracht, mein Atemweg blockiert
hast mir gezeigt, was es heißt zu leben und zu lieben
bist einfach in mein Herz gewandert und dort geblieben
machst mich glücklich, immer wieder – jeden Tag
als wäre es deine Mission, dein täglicher Auftrag

Liebe, die du durch meinen Körper fließen lässt
gegeben durch Umarmungen, mal sanft, mal fest
Küsse, die du mir gibst, mit deinen schönen Lippen
das unglaubliche Gefühl, deine Hände auf meinen Rippen
meine Liebe, mein Glück, mein helles Licht
bist die Inspiration für jedes einzelne Gedicht
bin immer noch auf Wolke 7, wie an Tag eins
immer noch unglaublich, wenn ich sage: du bist meins
diese unvoreingenommene Atmosphäre in der wir uns
befinden
dieses magische Band, das wir immer enger an uns binden
dass wir uns nie entknoten, dass es für ewig hält
und dann auch noch in 10 Jahren sagen können –
                        wir gegen den Rest der Welt

2015

Gedankenlabyrinth

gelaufen und gelaufen, die Mitte schon ewig gefunden
der Rückweg, muss Schicksal sein, schon längst verschwunden
welchen Weg soll ich wählen? Wo ist das Ziel?
das Leben etwas Ernstes oder doch nur ein Spiel?
gibt es mehrere Auswege oder doch nur einen?
die Zukunft - nichts Besonderes, sollte man meinen
wird die Zeit sinnvoll genutzt oder doch nur verschwendet?
kommt es von Herzen oder werden wir vom Licht geblendet?
Geld, ja Geld ist was ein Mensch so dringend braucht
doch dieses ist noch nie einfach so irgendwo aufgetaucht
und in Wahrheit ist es dann doch nicht so wichtig
Lieben und Leben, das wäre eigentlich richtig

aber ein Job, etwas das die Zeit stiehlt, muss dennoch her
denn ohne Sinn und Arbeit ist das Leben doch ganz schön leer
doch wieder die Frage welchen Weg man nun wählt
was ist entscheidend? Was ist das, was wirklich zählt?
in Wahrheit gibt es tausende von Wegen, keiner ist verkehrt
entweder er bereitet dir Freude und Glück oder er lehrt
das Einzige, was man für die Wahl noch braucht, ist Mut und Verstand
und irgendwann stellt man fest, dass das Labyrinth einfach verschwand

2015

Liebe

eines Tages passiert dir etwas Eigenartiges, ein Gefühl dir völlig fremd, nicht zu beschreiben
ein schneller Herzschlag, Glücksgefühle, ein Lächeln macht sich breit, das Gefühl scheint zu bleiben
keine Chance es abzuwehren, aber irgendwie möchte man das auch gar nicht
es kommt aus dem Herzen, immer wieder, wie ein Vulkan der ausbricht
lässt man es zu, gibt es nichts Schöneres, Positivität, soweit das Auge reicht
doch wehrt man es ab, tut alles dagegen, ist das Leben vielleicht nicht mehr ganz so leicht
ich spreche von Verliebtheit, von Liebe, zu einem anderen Menschen, einem anderen Wesen
du willst alles für diesen Menschen tun, glücklich machen, als könntest du die Gedanken lesen
die Nähe fühlt sich gut an, der erste Kuss – eine Explosion
nichts Schlechtes an dem Menschen zu entdecken, wie eine völlige Fiktion
alles scheint perfekt, alle scheinen glücklich, naja, vielleicht nicht alle, aber auf jeden Fall ihr zwei
ihr fühlt euch unsterblich, besser als je zuvor, einfach glücklich, einfach frei
ihr erlebt Dinge, so viele schöne Momente, das Leben – besser als je gedacht
alles zusammen erlebt, zu zweit geweint, zu zweit gelacht
Städte und Länder bereist, zusammen im Meer getaucht
Liebe geschenkt, gemerkt, dass ihr einander einfach braucht

wandern gegangen, den Sonnenuntergang im Arm des
anderen genossen
Steine im Weg bewältigt, neue Türen zusammen geöffnet, alte
geschlossen
Momente vergessen und dann wieder zusammen daran
denken
nicht nur Kaufbares, sondern auch Unbezahlbares einander
schenken
einander Geschichten erzählt und zugehört, alles andere
ausgeblendet, völlig konzentriert
die Zeit einfach rennen lassen, die Außenwelt einmal kurz
ausradiert
als wäre es ein Zauber, Magie, die größte Macht
Liebe, sie kommt unerwartet, manchmal einfach über Nacht
wie ein Pulver, das man auf zwei Menschen verteilt
einander gefunden, sich verliebt, die Herzen geheilt
das ist Liebe, so sollte sie sein
alles zusammen und nie mehr allein
Frau und Mann oder Mann und Mann, spielt keine Rolle
lass Liebe einfach Liebe sein, sie braucht keine Kontrolle
dass man glücklich mit seinem Partner ist, das sollte zählen
man kann die Gefühle ja sowieso nicht wählen
denn eines Tages passiert dir etwas Eigenartiges, ein Gefühl dir
völlig fremd, nicht zu beschreiben
ein schneller Herzschlag, Glücksgefühle, ein Lächeln macht sich
breit, das Gefühl scheint zu bleiben
hättest du Liebe auch so beschrieben?
dann solltest du auch akzeptieren, dass manche Frauen eben
Frauen lieben

2016

Ein Traum

ein kurzer Gedanke, so unbedeutend, winzig klein
doch so unbedeutend wird er nicht lange sein
ein weiteres Mal in deinem Kopf, und noch einmal
schenkst du ihm Aufmerksamkeit? Es ist deine Wahl
aus einem Gedanken wird ein Traum
er wird größer, mächtiger, braucht mehr Raum
fängst an darüber zu sprechen, wirst ausgelacht
zu unrealistisch? Zu viel Zeit mit Träumen verbracht?
doch er bleibt, Träume kann man nicht vergessen
sie wollen wahr werden, als wäre man davon besessen
doch wie viele Opfer muss man bringen?
wie viele Steine sind wirklich zu bezwingen?
ein Kopf, der fast platzt, Fragen ohne Ende
wie lange würde es dauern? Macht er viele Umstände?
der Wille wird größer, er wurde aufgebaut
durch die Motivation, die sich in dir zusammenbraut
der Traum könnte funktionieren, ja, er kann
das war der entscheidende Satz, wo der Kampf begann
und so wurde aus einem Traum ein Ziel
recherchiert, gegrübelt, geplant – und zwar viel
so viel Schweiß, so viel Energie verbraucht
gekämpft, man fühlt sich völlig geschlaucht
an Plan A gescheitert, Plan B muss her
doch ein Anfang war bisher immer schwer

das halbe Alphabet für Pläne verschwendet
ein Ziel, ein Traum, der niemals endet
spottende Menschen wurden zur Motivation
auch sogenannte ‚Hater' haben eine Funktion
den Weg bezwungen, das Ziel in Sicht
ein Sieg, wie im Tunnel am Ende das Licht
das Siegesgefühl – nicht zu beschreiben
nach Tagen noch da, es scheint zu bleiben
tatsächlich ein Traum wahr werden lassen
kannst es selbst nicht wirklich fassen
dich selbst völlig unterschätzt
hast gekämpft, hast dich durchgesetzt
was du immer wolltest, es ist jetzt dein Leben
hast gelernt, man soll niemals aufgeben
ein kurzer Gedanke, so unbedeutend, winzig klein
doch so unbedeutend wird er nicht lange sein
noch ein Traum? Ein weiteres Ziel?
denn wir sind voller Träume, es sind viel
doch für genau das wurden wir geboren
als hätten wir sonst nichts, wären wir verloren
Träume sind nicht unreal, auch wenn man dir Vernunft
zuspricht
erfolgreiche Menschen sind alle nicht ganz dicht
nur Verrückte versuchen Träume zum Leben zu erwecken
doch es sind auch die Verrückten, die Unglaubliches entdecken

2016

Alltag

Tag ein Tag aus das selbe Spiel
es passieren Dinge, doch du erlebst nicht viel
keine Änderung, alles beim Alten
ein Film der läuft, ohne auf ‚Play' zu schalten
als würden die Minuten verstreichen, ohne zu leben
mit dem simplen Gedanken ‚so ist das eben'
doch es sind Emotionen, die du spürst
die Gesichter, die du siehst
die Gedanken, die du denkst
die Wörter, die du liest
die Wege, die wir laufen
die Geschenke, die wir kaufen

das sind die Momente voller Glück
sie führen dich immer auf den Weg zurück

2016

Die Choreografie

und auf einmal stehst du davor
vor dem unbekannten, riesigen Tor
Fragen über Fragen, Unsicherheit macht sich breit
zu lange überlegt, einfach vergeudet deine Zeit
welcher Weg? Wo ist das Ziel?
die Augen offen und doch blind durchs Spiel
die Ohren stets gespitzt und doch nichts gehört
das eigene Erschaffen durch Taubheit zerstört
doch verloren ist es erst, wenn man sich geschlagen gibt
kämpfen ist Gold, niemals aufgeben, was man liebt
Träume sind das Einzige, was wir wirklich haben
verwirklicht durch Ehrgeiz, nicht durch willkürliche Gaben
lass dich nicht verunsichern, du kannst alles schaffen
mit Herz, Aug und Ohr – deinen mächtigsten Waffen
gut genug für alles auf der Welt – niemals wertlos
riskiere etwas, auf was wartest du denn bloß?
deine Zukunft gehört dir, deine Zeit rennt
zeige, was zu kannst, entfachen das Feuer, das in dir brennt
überrasche deine Mitmenschen, erstaune sie
als wüsstest du genau, was du tust - wie eine Choreografie
auch wenn du auf Risiko gehst - muss keiner wissen
dass neue Freunde kommen – Vergangene dich vermissen
dass du glücklich bist - so wie es sein muss
liebe dein Leben, als wäre es ein voller Genuss
denn die Zeit kann stoppen – schneller als man denkt
nutze was du hast – mehr Zeit wird keinem geschenkt

denn glaube mir:
auf einmal stehst du davor
vor dem unbekannten, riesigen Tor
durchquere es – gehe das Risiko ein!
die Zukunft - es ist dein!
deine Entscheidung, dein Leben, deine Wahl
jede Sekunde deines Lebens lebst du nur einmal
bereue nichts, kämpfe für was dir wichtig ist
sei Stolz, auf das, was du tust – auf das, was du bist
deine Zukunft gehört dir, deine Zeit rennt
zeige, was zu kannst, entfachen das Feuer, das in dir brennt
überrasche deine Mitmenschen, erstaune sie
als wüsstest du genau, was du tust, wie eine Choreografie

2018

Zu vermeiden

zu oft in die falsche Richtung bewegt
zu oft Beziehungen mit den Falschen gepflegt
zu oft Zeit mit Sinnlosem verschwendet
zu oft etwas angefangen, aber nicht beendet
zu oft auf den richtigen Zeitpunkt gewartet
zu oft vergessen, dass du es bist, der alles startet
zu oft die Phrase zu oft benutzt
zu oft deine Chancen nicht genutzt

zu lange etwas gesagt, aber nicht getan
zu lange abgewichen vom eigentlichen Plan
zu lange gedacht, das machst du morgen
zu lange dich nicht gekümmert um deine Sorgen
zu lange nicht gemerkt, wie schnell die Zeit vergeht
zu lange nicht gesehen, welche Möglichkeit dir entgeht
zu lange dir die Dinge nur vorgestellt
zu lange gewartet auf eine Reaktion deiner Welt

zu wenig ein ehrliches Lächeln aufgesetzt
zu wenig dich für deine Meinung eingesetzt
zu wenig wirklich voll auf Risiko gegangen
zu wenig davon überzeugt, was du hast angefangen
zu wenig etwas Spannendes unternommen
zu wenig wirklich versucht voranzukommen
zu wenig von der Welt inspirieren lassen
zu wenig die Zeit genutzt, kannst es selbst nicht fassen

zu spät gemerkt, dass die Träume gelebt werden wollen
zu spät gemerkt, dass du kämpfen hättest sollen
zu spät aufgehört, nur darüber nachzudenken
zu spät begonnen, Liebe zu verschenken
zu spät auf das Wichtige fokussiert
zu spät auf deinen Erfolg konzentriert
zu spät angefangen, dich selbst zu lieben
zu spät gemerkt, es ist keine Zeit mehr geblieben

2018

Angst

Angst - der Grund, warum Träume sterben
Angst - der Grund, warum wir weniger glücklich sind
Angst - der Grund, warum wir unsere Laune verderben
Angst - zerstört so Vieles – schon als Kind
Angst - verlangsamt deine Schritte
Angst - treibt uns aus der inneren Mitte
Angst - nichts Gutes, was bringt das denn?
Angst - der Grund für jedes was wäre wenn
Angst - eine Emotion, über das sich nichts Schönes erzählen lässt
Angst - ein Energiesauger, ein Nerventest

Angst - bis wir keine Hoffnung mehr in uns tragen
Angst - damit uns Unsicherheiten plagen
Angst - die deine positiven Gedanken verblasst
Angst - nur schlecht - schon immer gehasst
Angst - lass dich nicht von ihr fressen
Mut - was du brauchst, um dich mit der Angst zu messen
furchtlos durch den Tag, furchtlos durch das Leben
bis die Ängste verlieren, bis sie sich ergeben
bis Angst für dich ein Fremdwort ist
weil du mutiger, weil du stärker bist

2018

Die Gewohnheitsstruktur

Struktur, gegliedert, gewohnt an die Gewohnheit
alles geplant, jeder Schritt, jede Sekunde deiner Zeit
damit jeder Tag so abläuft, wie der zuvor
bringt Sicherheit, bringt Komfort
und das nicht, weil es einem so gefällt
sondern weil es das Risiko auf dem Minimum hält
so werden Fehler vom Entstehen gehindert, Ängste eliminiert
so kann nichts passieren, alles Negative blockiert
doch dass das Leben nicht lebenswert ist, daran denkt man nicht
dann wäre nichts gegliedert, die sichere Struktur zerbricht
viel zu riskant nicht zu wissen, was morgen alles ist
nicht, dass man noch ein Risiko eingeht, die Regeln vergisst
so was machen doch nur Verrückte ohne irgendeinen Plan
ich bin nicht so mutig, ich bin nicht so spontan

doch genau das ist dein größtes Problem
du bist zu feige, du bist zu bequem
warum alles ändern, wenn es doch halbwegs passt?
weil es doch so viel gibt, was du möchtest, aber noch nicht hast
was, wenn ich dir sage, du kannst alles schaffen, wenn du dich
befreist
wenn du endlich diese Struktur in deinem Leben zerreißt
so einfach würde es gehen und dein Leben wäre ein
Abenteuer
versuch' es doch, erlöse dich von deinem inneren Ungeheuer
fang an zu leben, scheiß auf sinnlose Struktur
kreiere deinen eigenen Weg und lauf in dieser Spur
bringe dich selbst auf das höchste Level der Zufriedenheit
fange jetzt an, kein Platz mehr für deine Faulheit
lebe deine Träume, damit mehr Platz für Ziele sind
das ist der Anfang, wo endlich, endlich dein Leben beginnt!

2018

Sommer

vom Glücksgefühl durchströmt, die Sonne wird heller
Tage werden besser, die Zeit vergeht schneller
überall lächelnde Menschen, soweit das Auge reicht
als wären Probleme nicht wichtig, als wäre alles leicht
stärker als je zuvor, die Psyche komplett geheilt
alles Glück der Welt auf die Menschen verteilt
das Leben wie eine feine Brise auf der Haut
Stein um Stein auf den Erfolgsturm gebaut
als wäre im Sommer alles besser, alles gut
als hätten wir mehr Energie, mehr Kraft, mehr Mut
als wäre man konzentrierter, weiß genau, was man tut

und das alles, weil wir dieser Jahreszeit mehr Bedeutung
schenken
nur weil es warm und hell ist, würde man denken
doch so sind die Menschen nun mal eben
einmal eine Meinung und dann für immer darin schweben
aber das ist manchmal auch gar nicht verkehrt
vor allem, wenn es uns schöne Momente beschert
doch vergiss nicht auch den Winter zu lieben
schlechte Erlebnisse kann man nicht auf Jahreszeiten schieben
also genieße jeden Tag, egal, wie das Wetter auch ist
es könnte immer der Letzte sein, ohne, dass ihr es wisst!

2018

31.12.

und ein weiteres Jahr ohne Erfolg, würde man meinen
doch die Dinge sind immer besser, als sie scheinen
jeder schöne Moment, jedes Abenteuer, das du erleben
konntest
jede Unterhaltung, jede Sekunde, als du dich am Strand
sonntest
jede gute Entscheidung, die du gefällt hast
jede kurze Pause, jede wohltuende Rast
jedes Geschenk, das du jemandem schenkst
wenn du deine Aufmerksamkeit auf dein Gegenüber lenkst
jeder Sonnenstrahl, der deine Haut erwärmen lässt
jedes Mal, wenn ihr euch mit euren Ängsten messt

jede schwere Last, die du von deinen Schultern nimmst
jede Hürde, die du in diesem Jahr erklimmst
jeder Weg, den du alleine gegangen bist
jeder Tag, an dem man einfach zufrieden ist
jeder erzählte Witz, der die anderen zum Lachen bringt
jedes Mal, wenn man sich selbst zum Sportmachen zwingt
jede Umarmung, die Wunden heilte
jedes Mal, wenn man unter tollen Menschen weilte
auch das sind kleine Erfolge aus diesem Jahr
also kann keiner sagen, dass es unbedeutend war

2018

Kultur

sie ist eigen und speziell in jedem Land
jeder Staat ist für die eigene Kultur bekannt
mit dem Wort Kultur verbinde ich sehr viel
doch Kultur hat kein Ende und kein Ziel
Kultur sind alte Bräuche und Tradition
Kultur hat eine ganz eigene Funktion
Kultur ist das Land mit der eigenen Musik
egal ob neue Melodien oder ganz antik
Kultur ist das leckere und spezielle Essen
das wird ein jeder Besucher nie vergessen
Kultur sind die Berge, Seen und die Natur
Kultur ist das Wetter und die Temperatur
es ist Kleidung, die in diesem Land entsteht
wie man mit den Mitmenschen umgeht
es ist die Geschichte, die dieses Land schrieb
es sind Erinnerungen, die den Einwohnern blieb

die Bauwerke, in diesem Land erbaut
die Farbe der Menschen und ihrer Haut
die Kunst, die dort Vollendung fand
die Meere und der weite Strand
die Geschichten, die dort zu Büchern gewandelt
die Produkte, mit denen das Land handelt
die Tiere, die dort ihr zu Hause fanden
die Feiertage, die dort sind entstanden
aber Kultur ist nicht nur auf das Alte fixiert
auch die neuen Sachen werden dazu addiert
Trends, die erst jetzt gesetzt werden
gehören mit zu den Kulturen auf Erden
Kultur ist, was ein Land zum Eigenen macht
nicht jedem gefällt, das sei auch bedacht
alle sehen Kultur mit anderen Augen
weshalb wir Eindrücke anders aufsaugen
somit ist für jeden Kultur verschieden
aber das ist auch gut – so sind alle zufrieden

2015/2019

Ist Schreiben wirklich genug?

wird Schreiben wirklich je genug sein?
oder ist es nur ein falsch projizierter Schein?
wird es mir für immer Glück bringen?
oder nur meine wertvolle Zeit verschlingen?
werde ich immer zufrieden sein mit Papier & Stift?
wird sich jemand interessieren für meine Schrift?
werden sich diese Träume je erfüllen?
oder bloß die Welt mit Texten vollmüllen
werde ich irgendwann können davon leben?
oder bleibe ich für immer auf der Stelle kleben?

Fragen, die keiner zu beantworten vermag
Fragen, die ich mir stelle – jeden Tag
als wäre ich nie wirklich davon überzeugt
wie eine Kuppe der Unsicherheit, die sich über mich beugt
wann ist genug denn wirklich genug?
vor, während oder nach dem Höhenflug?
was, wenn dieser Schein nur eine Illusion der Sonne ist?
wenn das Schreiben nur die Tage meines Lebens frisst

was, wenn ich nur Bäume zerstör, mit Blättern auf denen ich schrieb
dann bin ich nicht nur ein naiver Künstler, sondern auch ein Dieb
was, wenn meine Worte für keinen wichtig sind?
wenn mein großer Traum langsam zerrinnt
habe ich mir vielleicht zu viel vorgenommen?
bin ich vom realen Wege abgekommen?

Nein

denn das ist nur die Unsicherheit, die so denken lässt
um zu sehen, ob man weiterkämpft, wie ein Test
denn man kann alles erreichen, wenn man hart arbeitet
wenn man Steine überquert, Schritt für Schritt weiterschreitet
wenn man an sich und seine Träume glaubt
und auch einmal ein kleines Lob erlaubt
denn schon daran zu arbeiten, ist genug
also kämpfe für deine Träume, sei so klug!

2019

Musik

Gänsehaut auf dem ganzen Körper verteilt
Wunden wieder aufgerissen, andere geheilt
die Ohren werden gespitzt, wie eine Katze auf der Jagd
genau hingehorcht, was das Gehörte wohl aussagt
die eigenen Emotionen nicht mehr unter Kontrolle
der Wille vergessen, abgegeben an das Kraftvolle
so beeinflusst von dieser fremden, mysteriösen Kraft
die vergangenen Momente wieder in den Vordergrund schafft
der Kopf im Takt bewegt, ohne, dass man es merkt
das eigene Vertrauen durch Melodien gestärkt
die Augen geschlossen, sie werden nicht gebraucht
als wäre man in eine andere Welt abgetaucht

wie in Hypnose, als wäre alles vergessen
frei von Taten, niemand kann dich stressen
es gib nur dich in diesem schönen Moment
keiner, der dich von dieser Verbindung trennt
Kunst, ein Werk von einem Menschen mit Herz
Kunst, hergestellt aus Freude, hergestellt aus Schmerz
wie eine Therapie auf eigene Art und Weise
schickt dich auf eine emotionale Reise
in wenigen Minuten eine Achterbahn der Gefühle erlebt
weil die Musik in dir ist, weil sie in dir bebt
etwas so Schönes, so viele wollen nicht mehr ohne sein
aber das muss zum Glück auch keiner - die Musik – sie ist dein

2019

Das Lebensspiel

und dann merkst du, es hat nichts gebracht
alles umsonst, daran hast du nicht gedacht
du verlierst ein Spiel, das du nicht gewinnen kannst
das kam dir nicht in den Sinn, als du zu spielen begannst
also hast du dich unwissend darauf eingelassen
und jämmerlich verloren, kannst es selbst nicht fassen
deine naiven Gedanken, ein völliger Irrtum
dachtest wirklich dein Leben wäre geprägt von Ruhm?
als wüsstest du, wie man dieses Spiel schon spielt
wie man genau auf die richtigen Felder zielt
doch in Wahrheit weißt du nicht, was tun
und jetzt? Was ist jetzt? Was machst du nun?

Warten? Verzweifeln? Aufgeben? Vergessen?
es war doch so wichtig? Du warst davon besessen
und dann ist es wieder da, dieses kämpferische Ich
das einfach riskant auf einen anderen Lebensweg wich
dieses ich, dem keiner Glauben schenkt
dieses ich, das immer an die Träume denkt
du glaubst an Wunder, bist du noch ganz dicht?
die bessere Frage ist, warum denn eigentlich nicht?
Wunder passieren, jeder Tag ist ein Beweis
also glaub daran und gewinne des Spieles Preis!

2019

Der Geldkreislauf

nur ein Papierschnipsel und doch so viel Macht
kämpfen für jeden kleinen Schein, als wäre es eine Schlacht
als wäre es das wichtigste auf der Welt, ohne geht nicht
als müssten wir alles besitzen, als wäre es unsere Pflicht
weil der Tauschhandel eintönig wurde, nur das zum Tauschen
blieb
weil es unsere tolle Wirtschaft doch so fabelhaft antrieb
alles wird damit bezahlt, sogar das eigene Leben
auch du kannst nicht von diesen Regeln entschweben
und nun lebt ein jeder nur noch für dieses Papier
eine Gesellschaft voll mit Machtkämpfen und Habgier
nichts ist unfairer verteilt, als diese Blätter mit Zahl
manche werden nie etwas davon besitzen, nicht ihre Wahl
andere schuften Tag für Tag, bis sie dann sterben
keine Angst, auch der Staat wird etwas davon erben

die anderen baden darin, man könnte sie ertränken
aber lieber das, als es einfach so zu verschenken
und so ergab sich, dass sich die Welt nur noch darum dreht
ein Reicher zufrieden, ein Armer danach fleht
aber das muss so sein, damit die Schichten bleiben
sonst müsste man das ganze System umschreiben
dass das so ausartet, war sicher nicht gewollt
aber die Münzen glänzen so schön, sie sind aus Gold
das Land kassiert die Hälfte ein, du bist deren Besitz
das ist Realität, mein Freund, kein schlechter Witz
dann kann der Staat es weiter investieren
weil alle diese Pläne auf unserem Geld basieren
denn am Ende muss der Geldfluss doch weiterfließen
dann kann sich der Kreislauf auch wieder schließen

2019

Die Wahrnehmungsblase

immer noch in dieser Blase, die dich von der Realität entfernt
die alles so unwirklich macht, das Leben verlernt
als könntest du wahrnehmen, aber nicht handeln
als würdest du völlig ziellos durch die Welt wandeln
als wäre alles ein Film, den Bezug verloren
du spürst alles, die Emotionen aber gefroren
du vegetierst dahin, kein Fortschritt zu erkennen
schaffst es nicht, dich von alten Gewohnheiten zu trennen
man will sie zerstören, hat aber keine Kraft
fällt jedes Mal hin, wenn man sich endlich aufrafft
als könnte die Blase einfach nicht kaputt gehen
die Welt dreht sich weiter, doch du bleibst stehen

weil du in einem verdammten Blasengefängnis sitzt
und nicht rauskommst, egal, wie fest du dagegentrittst
doch irgendwann wird auch die Blase spröde und ein Riss
entsteht
du spürst den Wind des Lebens, der sanft durch ihn hindurch
weht
und dann kommt die Kraft zurück, die schon lange verblasst
endlich kannst du dich befreien von der schweren Traglast
du kämpfst dich frei und kannst endlich fliehen
und dich dieser Realitätsentfremdung entziehen
du bist frei, das Leben noch nie so klar
besser als vorgestellt, besser als es jemals war
die Blase, sie wird es nie mehr geben
das stelle ich sicher, denn es ist MEIN Leben!

2019

Die Gesellschaftsschönheit

im Magazin gesehen und dann auch gleich geglaubt
weil es nur die Wahrheit erzählt, es ist das Oberhaupt
schön ist, wer dort drin zu sehen
das ist die Wahrheit, keiner kann sie verdrehen
dünn, faltenlos und perfekt geschminkt
gut frisiert, ein Outfit, das nach Aufmerksamkeit winkt
weiße Zähne schön in einer Reihe, die Nägel gemacht
nie ungestylt nach draußen, die Straßen sind bewacht
natürlich ein Lächeln aufgesetzt, auch wenn dir nicht danach
weil dein Auftritt sonst noch den Regeln widersprach
völliger Blödsinn, gelogen, ist nicht richtig
was dort gezeigt, war **nie** wirklich wichtig
und trotzdem haben wir das Gefühl, wir müssten uns
daranhalten
und zwar alle, die Meinungen dürfen sich nicht spalten
denn die Gesellschaft will es so, Einigkeit muss sein
dann halten alle zusammen, niemand ist allein

doch es wird welche geben, die glauben das nicht mehr
und die machen dann auch den anderen das Glauben schwer
das sind die, die gegen solche Lügenregeln fechten
sie wollen nur eines – Sieg gegen die Schlechten
gegen die, die Schönheit zum Wettbewerb machen
gegen die, die über „nicht schöne" Menschen lachen
gegen die, die alles auf Äußerlichkeiten setzen
gegen die, die die Menschen aufeinanderhetzen
gegen die, die denken, Schönheit bezahlt man mit Geld
gegen die Masse, die diese Industrie zusammenhält
und das ist auch gut, damit das endlich ein Ende hat
macht die Industrie kalt, macht sie platt
denn Schönheit kommt von innen, ihr müsst mir glauben
Schönheit sind die Charaktere, die einem den Atem rauben
Schönheit ist Treue, Freundlichkeit und Humor
Schönheit ist Herz, Vertrauen und ein offenes Ohr
schön sind die Dinge, die in uns liegen
und diese werden immer gegen die Magazine siegen!

2019

Massensucht

du hörst es nicht, in der Ecke dein weinendes Kind
dein Hund will spazieren gehen, doch du bist blind
die Soße brennt an, ist dir irgendwie entgangen
nonstop davor, die Zeit zu schnell vergangen
der Geburtstag meiner Mutter, war der schon?
egal, wenigstens habe ich gewonnen die Spielmission
Einkäufe im Auto vergessen, hol ich morgen
meine Internetfreunde haben wichtigere Sorgen
bei der Prüfung durchgefallen, war nicht so leicht
dafür habe ich das nächste Level erreicht
arbeiten kann ich auch im nächsten Leben
ich muss jetzt die Probleme vom Bildschirm beheben
Unterhaltungen zu führen, ergibt keinen Sinn
verdammt, ich habe ihn vergessen, meinen PIN
und das Schlimmste ist nun auch eingetroffen – der Akku leer
ich bin verloren, hilft mir jemand? Irgendwer?

ich weiß, das ist jetzt etwas sehr extrem
doch das wird passieren, wir haben ein Problem
das ist die Gesellschaft, wie sie irgendwann besteht
mein Handy wichtiger, weil es an erster Stelle steht
meine sozialen Netzwerke sind nun meine reale Welt
der mit den Millionen Fans ist der wahre Held
weil es viel unterhaltsamer ist, als im Café zu sitzen
oder gestresst von Termin zu Termin zu flitzen
da bleibe ich lieber vor dem Bildschirm im warmen Haus
auch ich schließe mich hier nicht aus
doch manchmal sollte man einfach daran denken
dass nur das wahre Leben kann Freude schenken
also den elektronischen Kasten auch mal weglegen
und Beziehungen in der wirklichen Welt pflegen
schalte es aus, wenn man es dir schon rät
denn irgendwann ist es vielleicht zu spät

2019

Familienbesorgnis

und dann kocht die Mama, als das Danke wegblieb
sie macht das sehr gerne, sie hat mich doch lieb
Oma und Opa kommen zu Besuch, doch du setzt dich nicht hin
dass sie vielleicht wegen dir da sind, kommt dir nicht in den
Sinn
deine Schwester nicht mehr auf deiner Seite, sie macht sich
Sorgen
was mit dir passiert, was du tust, heute und auch morgen
dein Bruder versucht zu helfen, doch du hörst nicht
er hat dir nichts zu sagen, er ist nicht deine Aufsicht
dein ängstlicher Nachbar, der wieder tratschen musste
jetzt weiß ich, woher meine Tante mein Geheimnis wusste
wieder klingelt das Telefon, wenn mit Freunden unterwegs
der nächste Kontrollanruf, man geht mir das auf den Keks

sei doch mal öfter zu Hause, du wirst vermisst
was soll ich denn hier? Nur weil du zu Hause bist?
dein Papa ist besorgt, doch du hast ihn ignoriert
du fühlst dich eingeengt, fühlst dich kontrolliert
doch vielleicht will er dich ja nur beschützen
und dich bei all deinen Problemen unterstützen
alle reden auf dich ein, als wärst du nicht alt genug
lasst mich doch mal in Ruhe, ich bin selber klug
doch irgendwann merkst du, sie wollen nur das Beste für dich
auch wenn du sie abweist, sie lassen dich nicht im Stich
und dann fängst du zu realisieren an, du bist ja schon dankbar
doch es ist zu spät und bereut, dass man es nicht früher war

2019

Schichtenwünsche

Mama, das Dach ist undicht, ich spüre die Regentropfen
ich weiß mein Schatz, wir müssen das Loch endlich stopfen

ich habe Hunger, schneidest du mir eine Brotscheibe ab?
Natürlich, aber iss nicht zu viel, es ist knapp

du musst endlich deine Krankheit heilen lassen
die Rechnungen würden nicht in unser Budget passen

ich brauche neue Schuhe, meine sind nicht mehr in Mode
schau mal, deine Schwester hat sicher noch alte in der
Kommode

ich brauche Geld für Kino, der neue Film läuft mit dem
Bösewicht
morgen vielleicht, wenn ich zurückkomme aus der zweiten
Schicht

ich würde gerne ein paar Tage weg, haben wir ein Zelt?
nein, aber das kriegen wir schon hin, ich spare etwas Geld

mich nervt der Schulbus, ich will einen eigenen Wagen
wie du willst, aber dann müssen wir den Urlaub absagen

ich will eine neue Puppe und auch das passende Schloss
natürlich meine Kleine, alles für dich, du bist der Boss

ich will eine eigene Wohnung, ich ziehe aus
alles klar, komm ich zahl dir die Rechnung voraus

das Resultat, wenn man Wünsche aus verschiedenen Schichten
aneinanderhält
der eine will nur was zu essen, der andere wünscht sich Gott
und die Welt

2019

Das reine Herz

bescheiden wie eine Blume, die einfach blüht
warm, wie ein Sonnenstrahl, der Licht versprüht
und auf einmal ist sie weg, eben war sie doch noch hier
doch jetzt nicht mehr, jetzt bleiben nur noch wir
ein Mensch, dem so viel gehörte von deinem Herz
lässt dich zurück mit einem stechenden Schmerz
die Trauer steht den Menschen ins Gesicht geschrieben
all denen, die sind fassungslos zurückgeblieben
keine Umarmung mehr, das Lächeln wirst du nie mehr sehen
die Welt nicht mehr gleich, als würde sie sich anders drehen
als wäre ein Teil deines Glücks mit ihr mitgegangen
als wärst du in einer schlechten Zeit gefangen
alte Erlebnisse sind das Einzige, was wird bleiben
all die schönen Erinnerungen, die im Kopf rumtreiben
dein Lachen noch immer in meinem Ohr, ich hoffe, es wird nie leiser
es ist ein Teil meiner schönen Welt, mein täglicher Wegweiser

wenn du sagtest ‚Spare in der Zeit, dann hast du in der Not'
das, das war immer dein höchstes Gebot
in all deinen schweren Zeiten hast du Stärke gezeigt
ein Kämpfer kämpft einsam, siegt und schweigt
und trotzdem war dein Herz so rein und groß
deine Liebe zu deiner Familie immer endlos
ein Mensch, der mich in meinem Leben hat geprägt
ein Mensch, der auch jetzt noch zu Entscheidungen beiträgt
was ich in der Zukunft erreiche, wirst du nie wissen
ich weiß nur, dass ich dich auch dann werde vermissen
und wenn einst meine Träume erfüllt, werde ich auch dir
Danke sagen
denn auch du hast zur Verwirklichung beigetragen
ein wundervoller Mensch, der jetzt in Frieden ruht
egal, wo du jetzt bist – ich hoffe nur, dir geht es gut

2019

Die Schutzmauer

völlig unvoreingenommen lernst du jemand kennen
nach kurzer Zeit schon – keiner kann euch trennen
verliebt, glücklich, alles zusammen erlebt
weil ihr nicht auf Erden seid, weil ihr auf Wolke 7 schwebt
und dann auf einmal ist alles wieder vorbei
das einst makellose Paar fällt entzwei
war wohl doch nicht richtig, die falsche Beziehung gepflegt
das Herz gebrochen, der Grundstein der Mauer ist gelegt
nie mehr soll das passieren, ab jetzt gebe ich Acht
doch auch das war einfacher, als gedacht
immer wieder darauf reingefallen und es scheitert
mit jedem Male die Schutzmauer erweitert
irgendwann so stabil, baust weiter und kannst nicht aufhören
keiner, keiner ist es wert, meine Mauer zu zerstören
nie mehr verletzt werden, dafür sorgt die Mauer
sie beschützt mich sehr und gibt mir Power

doch dass das so einsam ist, hat mir keiner gesagt
und nun ist es das Selbstwertgefühl, das an mir nagt
bin doch ein netter Mensch, warum liebt mich denn keiner?
weil es mit anderen einfacher ist, die Schutzmauer kleiner
doch auf einmal ist da jemand, der genügend Mühe investiert
die Mauer einfach durchbricht, als hätte sie nie existiert
und du wirst merken, dass die Mauer unnötig war
denn jemandem das Herz zu öffnen ist gar nicht so furchtbar
denn deine Festung gibt zwar Schutz, aber keiner hört, wenn
man weint
eben wegen der Mauer, denn sie ist eigentlich dein größter
Feind
denn sie hält davon ab, dass man sein Leben mit anderen teilt
die Herzen werden dann zwar nicht mehr gebrochen, aber
auch nicht geheilt
auch mal die Mauer ablegen, so viel Schutz brauchst du nicht
geh das Risiko ein und zeige dein starkes Gesicht

2019

Ich, der Baum

'keep growing, keep fighting, keep marching on'
Wörter, die sich um meinen Unterarm drehen
auf diese muss ich wohl nicht weiter eingehen
diese sind das Fundament für die Bäume, für den Wald
Bäume verkörpern Geheimnisvolles, Bäume geben Halt
weil ein Baum immer weiterwächst, auch wenn der Boden
steinig
hier sind wir uns beide doch ganz bestimmt einig
nur ein Baum mit Blättern verziert, der bin hier ich
weil ich immer kämpfen werde, Steine im Weg durchbrich
die Vögel sind die Freiheit, das Leben manchmal leicht
weil ein Vogel immer die Richtung kennt, auch wenn er mal
vom Weg abweicht
sie fliegen zum ‚S', einer Person tief mit mir verbunden
Schwesterherz – immer füreinander da, auch in späten
Stunden

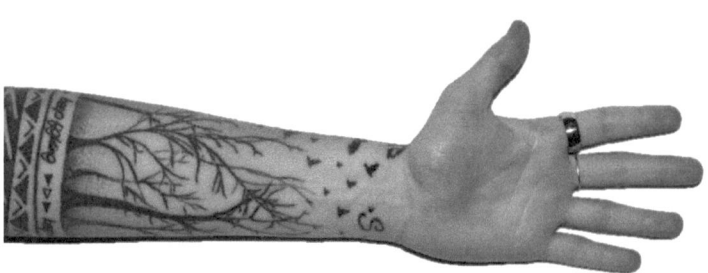

doch die Vögel fliegen auch nach oben, der Sonne entgegen
weil die Sonne heilt, die Strahlen uns pflegen
die Feder daneben ist meine größte Leidenschaft
sie wiederspiegelt das Schreiben, in mir die stärkste Kraft
die Pfeile zeigen nach vorne, sie geben die Richtung an
denn jede Bewegung hat Auswirkungen, egal wo und wann
die Punkte haben keine Botschaft, die sie anstreben
manches ist nur Zierde, das muss ich auch zugeben
und auf dem verletzlichsten Finger die Nummer sieben
eine Zahl, die mir ist im Gedächtnis geblieben
die Geschichte dazu kann ich leider nicht sagen
denn diese liegt immer noch schwer im Magen
nun kennt ihr auch diesen Teil von mir
denn bildnerische Kunst malt man nicht nur auf Papier

2019